Vente du Samedi 7 Février 1880

HOTEL DROUOT, SALLE N° 1

COLLECTION

D'ANCIENS

BRONZES DU TONKIN

DE LA CHINE & DU JAPON

LAQUES — POTERIES — PORCELAINES

MEUBLES

OBJETS VARIÉS

EXPOSITION PUBLIQUE

Le Vendredi 6 Février 1880

Me CHARLES PILLET,
COMMISSAIRE-PRISEUR,
10, rue de la Grange-Batelière.

M. CHARLES MANNHEIM,
EXPERT,
7, rue Saint-Georges.

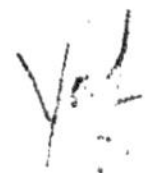

CATALOGUE
D'UNE COLLECTION
D'ANCIENS
BRONZES DU TONKIN
DE LA CHINE ET DU JAPON

Laques — Poteries — Porcelaines
Objets variés
Meubles japonais

DONT LA VENTE AURA LIEU

HOTEL DROUOT, SALLE N° 1,

Le Samedi 7 Février 1880,

A deux heures.

Par le ministère de Mᵉ **CHARLES PILLET**, Commissaire-Priseur,
10, rue de la Grange-Batelière,

Assisté de **M. CH. MANNHEIM**, Expert, 7, rue Saint-Georges,

Chez lesquels se trouve le présent Catalogue.

Expositition publique : le Vendredi 6 Février 1880,

DE UNE HEURE A CINQ HEURES.

CONDITIONS DE LA VENTE

Elle sera faite au comptant.

Les adjudicataires payeront *cinq pour cent* en sus des enchères.

L'exposition mettant le public à même de se rendre compte de l'état des objets, il ne sera admis aucune réclamation une fois l'adjudication prononcée.

Paris. — Typ. PILLET et DUMOULIN, 5, rue des Grands-Augustins

DÉSIGNATION DES OBJETS

BRONZES DU TONKIN

1 — Ancien vase, avec paysages et personnages en relief sur deux faces, traduction des quatre caractères chinois (*Thieu, binh* dynastie des *Lë.*) Roi du Tonkin, monté sur le trône en 1434.

2 — Ancien vase de forme haute et évasée, traduction des quatre caractères (*Ung-Thieu*, dynastie des *Lë.*) Roi du Tonkin, monté sur le trône en 1527.

3 — Brûle-parfums de Pagode, en forme de lion, à tête mobile ; traduction (*Hieng-Thong Canh-hing*). Roi occupant une partie du Tonkin, montant sur le trône en 1740, a régné 48 ans, et a été le 23e de la dynastie des Mac (usurpateurs.)

4 — Deux cigognes de Pagodes, brûle-parfums ayant 61 centimètres de haut, et les mêmes caractères que le numéro précédent, par conséquent même traduction.

— Grand brûle-parfums de pagode, avec un petit lion, chimère sur le couvercle, traduction (*Hryen-tong-Com-tri*). Roi du Tonkin, 18e règne de la dynastie des Mac, monté sur le trône en 1663, a régné 9 ans.

6 — Coq formant brûle-parfums, même traduction que le numéro 5, et fondu sous le même règne.

7 — Chimère montée sur un crapaud, même traduction que les nos 5 et 6.

8 — Brûle-parfums chimère en forme de cheval, traduction (*Mắc-tang-dong-minh-dúc*). Roi du Tonkin, 1er règne de la dynastie des Mac (usurpateurs ayant occupé une partie du Tonkin), 1525.

9 — Brûle-parfums avec pied et couvercle en bois, traduction : (*Nguyen-Nhac Thái-duc*). Roi du Tonkin, 1er règne des rebelles Tay-Son, 1764.

10 — Très ancien vase, avec socle en bois, traduction (*Thuc-Thi an duong-vuongh*). Roi d'Annam et du Tonkin, 252 ans avant J.-C., a régné 50 ans.

11 — Statuette de divinité, traduction (*Chien-houng*) 9e et dernier règne de la dynastie des *Ly*, monté sur le trône en 1225, a régné un an.

12 — Statuette. Petit-Bouddha, traduction (*Chien-tong-quand-thieu*). Roi du Tonkin. 10e règne de la dynastie des *Lë*, monté sur le trône en 1517, a régné 6 ans.

13 — Brûle-parfums à quatre pieds, chimère à tête mobile, traduction (*Trang Tong Ngnyen-hoà*). Roi du Tonkin, 11° règne de la dynastie des *Mac*, a régné 8 ans.

14 — Petit brûle-parfums à six pieds, socle de couvercle en bois, traduction (*Thuat-Dong Visong.*) Dynastie des *Trieû-Thi*, montée sur le trône de l'Annam et du Tonkin, 111 ans avant J.-C.

15 — Brûle-parfums à quatre pieds et à couvercle en bronze, socle en bois, traduction (*Thuan-tsug Long-duc*). Roi du Tonkin, 23ᵉ règne de la dynastie des *Mac*, monté sur le trône en 1732, a règné 4 ans.

16 — Bouddha formant brûle parfums, traduction (*Thanh-to-nhon-minh mang*), deuxième roi de la dynastie actuelle (*Ngujen*), roi de l'Annam et du Tonquin, monté sur le trône en 1819, a régné 21 ans.

17 — Petit brûle-parfums, même inscription et même date que le n° 13.

18 — Brûle-parfums à quatre pieds, socle et couvercle en bois, traduction (*Thieu-hoang Thai binh*). Premier règne de la dynastie de *Dinh*, monté sur le trône en 968, a régné 12 ans.

19 — Petit brûle - parfums chimère, traduction (*Thi-tong gia-thoï*). Quatorzième roi du Tonkin, de la dynastie *Mac*, monté sur le trône en 1573.

20 — Deux petits plateaux sans inscription.

21 — Grand lion de pagode formant brûle-parfums, traduction (*Thon-tong lhuôc-thoi*). Dix-septième règne. Dynastie des *Mac*, monté sur le trône du Tonkin en 1643, a régné 7 ans.

22 — Brûle-parfums, même règne et même date.

23 — Brûle-parfums portant la même inscription que le n° 21, même règne et même date.

24 — Grande et belle cloche avec un pied en bois de fer pour la supporter, traduction (*Du tong-vinh thanh*). Vingt et unième règne de la dynastie *Mac*, monté sur le trône du Tonkin en 1705, a régné 21 ans.

25 — Statuette de Bouddha.

26 — Urne en bronze : en 1522, dynastie des *Ming*, règne de l'empereur *Kia-tsin*, le mandarin *Woug-giat* a offert à la pagode des décédés un vase pour contenir du sable et brûler des chandelles ; ce mandarin était gardien des archives de chef-lieu de Canton.

27 — Vase pour couvrir les sacrifices.

28 — Urne en bronze. — Le frère cadet de la famille *Kiang-cheu*, natif de *Ngau Io*, ville de troisième ordre

pendant la dynastie des *Tsin*, règne de l'empereur *Kieu Long*, 1739, a réédifié la pagode de *Tch-aug-cuing-Hieu*, à la saison d'hiver, jour de paix et de bonheur.

29 — Un grand brûle-parfums. — Pagode des anciens esprits du Nord. — Fait le jour de bonheur de la première année du règne de l'empereur *Kia-kin*, dynastie des *Tsin* en 1796 ; offre de *Kuang-Soûng-ho*, marque de respect.

REMARQUE : Ces cadeaux sont généralement faits à titre de remercîment pour l'accomplissement des vœux qu'ils forment, par les gens du peuple dans le recouvrement de leur santé.

30 — Une cloche moderne du Tonkin.

31 — Cheval en bronze, formant brûle-parfums, sans inscription.

BRONZES DE LA CHINE

ET DU JAPON

32 — Lanterne de galerie. Bronze fondu à cire perdue.

33 — Petite chaumière formant boîte, à couvercle mobile.

34 — Porte-boule figurant des flots qui écument ; socle formé par trois crapauds.

35 — Oiseau de proie posé sur une patte. Bronze chinois primitif.

36 — Héron, la patte posée sur une feuille de lotus. Bronze japonais à cire perdue.

37 — Sept pièces : coq, crapaud, tortue, lièvre, dragon rampant, etc. Ce lot sera divisé.

38 — Jardinière de forme carrée, soutenue par un dragon qui sort des nuages. Fonte à cire perdue, signée *Fo Oun.*

39 — Porte-bouquet figurant une nasse, des cordages et une ancre.

40 — Jardinière de forme évasée et ronde, soutenue par trois têtes d'éléphants. Cire perdue, signée *Sei-Min.*

41 — Presse-papier formé des attributs de Daï-Koka.

42 — Petit vase imitant le bambou clissé. Cire perdue. Socle en bois.

43 — Vase en forme de fleur de Datura. Bronze chinois à patine olive.

44 — Bouteille autour du col de laquelle grimpe une salamandre. Bronze chinois.

45 — Chandelier formé d'une tige autour de laquelle s'enroule un dragon. Bronze chinois.

46 — Bouteille à saki pour la cour du Mikado, avec très fines incrustations d'argent. Objet japonais ancien, de la plus grande rareté.

47 — Le poète de *Fuzi Hana*. Il est assis, tenant en main le rouleau dans lequel il a célébré la montagne sacrée. Statuette en bronze.

48 — Le Sennin des crapauds. Il est assis sur un crapaud énorme ; d'autres plus petits grimpent sur ses vêtements. Socle en bois supportant aussi une coupe de laque évidée qui forme jardinière.

49 — Cache-pot, forme bursaire, en cuivre repoussé, au marteau, gravé et doré par places.

50 — Deux vases en forme de balustre en bronze niellé d'argent, enrichis d'incrustations finement ciselées à fleurs et de palmettes et de rosaces émaillées rapport tées.

51 — Deux vases en forme de balustre carré, sur pied mobile et large bord plat de travail analogue.

52 — Deux vases en forme de cornet carré en fer ciselé, à ornements en relief, dorés et argentés.

53 — Homard en cuivre battu, grandeur forte nature.

54-59 — Divers plateaux carrés en cuivre incrusté de parties émaillées et ciselées, avec encadrement en bois. Ce lot sera divisé.

60-61 — Quatre vases cylindriques en fer incrusté, à fleurs et oiseaux.

62 — Deux vases en forme de balustre, de même travail.

63-64 — Deux paires de petits vases en forme de bouteille en bronze incrusté de fleurs en or et en argent.

PORCELAINES ET POTERIES

65 — Bol en céladon vert camélia irisé et truité très fin, bord noir. Pièce fine et rare.

66 — Plat rond en grès de Chine, émaillé en relief, avec fleurs blanches et bleues sur le marli et au fond. Il porte en outre une inscription avec signature d'artiste.

67 — Présentoir en forme d'éventail, en vieux céladon gris, gravé sous couverte et craquelé. Bord brun.

68 — Coupe en vieux koutani, décor polychrome, compartiments en couleurs sur fond jaune, avec médaillon central figurant deux fois l'oiseau sacré. Encadrement extérieur formé d'une bordure et fleurs. Belle qualité.

69 — Brûle-parfums en terre de Satzuma.

70 — Chandelier en terre de Satzuma.

71 — Deux tasses dont une à personnages. Vieux kyoto.

72 — Deux bouteilles en grès rouge et gris et une coquille laquée extérieurement.

73 — Deux bouteilles, l'une en forme de gourde; flambé gris et bleu.

74 — Coupe sur pied, dans laquelle semble boire une chimère formant anse. Curieuse imitation de céladon craquelé, signée d'un cachet en forme de gourde.

75 — Le juge des enfers lisant une sentence. Porcelaine de Kyoto,

76 — Statuette en terre émaillée. — Jeune femme en costume de cour. Vieux Kyoto.

77 — Bol profond en vieux craquelé de Satzuma, avec décors de fleurs et branchages. Bordure en guirlandée à l'intérieur.

78 — Tasse à thé en vieille porcelaine blanche de Koutani, à décor rouge et or.

79 — Tasse en biscuit, émaillée de fleurs bleues à l'intérieur et couverte à l'extérieur de personnages dessinés au trait.

80 — Présentoir en vieille porcelaine de Fizen, façonné à contours, décor bleu tendre, à bordure d'arabesques, avec un oiseau et un dragon sacré sur le fond.

81 — Boîte à parfums en faïence polychrome de Yrakou, laquée d'or à l'intérieur et façonnée en relief, représentant deux oiseaux sacrés.

LAQUES

82 — Cantine portative à compartiments, en vieux laque, fond noir aventuriné, semé de jouets d'enfants.

83 — Pharmacie à cinq cases, en bois sculpté, extrêmement léger, représentant sur les deux faces le typha au milieu des nuages.

84 — Pharmacie en laque d'or, ornée sur les deux faces de danseurs en costumes de la cour du Mikado. Les vêtements sont en or de plusieurs tons. Elle est signée Ko-Liou.

85 — Pharmacie en laque noir, décorée sur l'une et l'autre face de lions de Corée, en argent et en or. Forme hexagonale.

86 — Pharmacie glissant dans une gaîne, décorée d'un lys en burgau et de libellules sur fond aventuriné. La partie intérieure, divisée en cinq parties, offre un semis d'oiseaux, sur laque lisse.

87 — Pharmacie en ivoire laqué d'or, décorée de pivoines et de papillons. Elle est signée Shiorin-Saï.

88 — Petite boîte laquée d'or mat sur les côtés et décorée sur le dessus qui est légèrement bombé d'un paysage incrusté.

89 — Petite étagère à bijoux, en vieux laque aventuriné, angles et serrure en cuivre doré.

90 — Pied en laque rouge de Pékin.

91 — Petit encrier de jour de l'an, fond aventuriné, décor de pivoines.

OBJETS VARIÉS

92 — Seize plaques variées de décors, pour fermetures de blagues.

93 — Cinq bouts de fourreaux de sabre ciselés et dorés.

94 — Six manches de kosnkas anciens.

95 — Deux manches de kosnkas, à émaux sur paillons, éventails et papillons.

96 — Cinq gardes de sabre en fer incrusté d'or, d'argent et de cuivre, et représentant des sujets variés.

97 — Autre garde de sabre : jeune garçon ratissant des feuilles mortes.

98 — Autre garde : Philosophe chinois dans une forêt de bambou. Fer martelé, évidé à jour, incrusté d'or et d'argent. Elle est signée.

99 — Autre garde de sabre : Nénuphar dans un ruisseau. Fer incrusté d'or et d'argent.

100 — Garde en fer incrustée d'or. Fo-hang, oiseau des impératrices, planant au-dessus d'une branche de pawlonia.

101 — Deux gardes en métal de shakudo, dont l'une est signée : guerrier à cheval ajustant un oiseau, et chevaux dans la campagne.

102 — Deux gardes en shakudo noir et shakudo brun, signées : Tiges de riz et ustensiles pour préparer le thé.

103 — Shakudo incrusté d'or et d'argent. Fleurs d'automne.

104 — Shakudo incrusté d'or et d'argent. Tossi-Fokou lisant assis dans la campagne, et Shoti poursuivant le diable.

105 — Shakudo incrusté d'or et d'argent : Un sennin menaçant le dragon des orages.

106 — La lune entrevue à travers les branches d'un vieil arbre. Métal de sibonitchi.

107 — Deux pipes, l'une dans son porte-pipe, et blague en cuir, avec bouton en émail cloisonné.

108 — Tobaco complet avec tiroirs, revêtu de clissage, angles en bronze laqué.

109 — Grand sabre de cérémonie, fourreau laqué, monture et garde en argent, lame ancienne, poignée en galuchat avec meunkis en or.

110 — Un sabre et un poignard de dame.

112 — Sabre de médecin, en bois sculpté. Tige de bambou avec serpent enroulé. Il est signé.

113 — Éventail de palais. Les panaches sont en émail cloisonné.

114 — Éventail de général, aux armes du Japon. Les panaches sont en fer et signés à l'intérieur. XVe siècle.

115 — Éventail d'officier de l'armée actuelle, aux armes du Japon. Les panaches sont en laque noir très fin.

116 — Daruma, l'apôtre du bouddhisme au Japon, statuette à patine d'une rare finesse.

117 — Trois masques anciens, d'acteurs de la troupe du Mikado.

118 — Trois socles en bois sculpté.

119 — Porte-bouquet, formé d'une planche de vieux bois, incrusté de burgau sur les deux faces.

120 — Statuette en bambou sculpté. Philosophe assis, tenant des pêches de longévité.

121 — Robe brodée, fond violet.

122 — Assiette en émail cloisonné moderne, du Japon.

123 — Coupe en jade blanc, à deux anses, gravée à fleurs, montée sur pied en bois de fer.

124 — Coupe en jade gris uni, montée sur pied en bois de fer.

125 — Deux chimères couchées pour pagodes, en marbre blanc. Elles proviennent de Hanoï, capitale du Tonkin.

126 — Dix boules en émail cloisonné ancien.

127 — Quatre Netzkis en bois et laque et un cachet en porcelatne.

128 — Deux Netzkis en ivoire : Un rat blanc et un rat gris.

129 — Netzki en ivoire teinté : Pêche de longévité, avec paysage dans l'intérieur.

130 — Deux Netzkis. — Groupe de crapauds.

131 — Netzki signé. — Barque dans laquelle on distingue huit personnages et un singe.

132 — Bouton de blague de lutteur, sculpté en creux, représentant une déesse et un guerrier. Signé.

133 — Statuette en ivoire. — Squelette ivre dansant avec un éventail.

MEUBLES

134 — Grand meuble à deux portes, en bois sculpté, à figures, et enrichi d'incrustations de matières diverses, nacre, bois laqué et émail cloisonné.

135 — Tableau en laque, avec oiseau sur branche en haut, reliefs laqués d'or.

136 — Table à écrire en laque aventuriné, décorée de fleurs en or.

137 — Plateau hexagone, en bois naturel incrusté.

138 — Petit meuble étagère en forme de pavillon, en bois naturel incrusté.

139 — Petit écran garni en peau, décoré de branchages.

140 — Autre écran en laque, avec panneau à fond rouge.

141-142 — Deux paravents à six feuilles, garnis en étoffe et décorés de médaillons à fond d'or contenant des peintures à l'huile représentant des paysages.

Ils seront vendus séparément.

143 — Deux grands fauteuils en bambou.

www.ingramcontent.com/pod-product-compliance
Ingram Content Group UK Ltd.
Pitfield, Milton Keynes, MK11 3LW, UK
UKHW022153260726
13993UKWH00005B/2333